AF357161

EDCT DV ROY,

PORTANT ATTRIBVTION

en heredité aux Receueurs des Tailles, Receueurs du Taillon & aux Greffiers Anciens,
Alternatifs & Triennaux des Eslections de
ce Royaume, des mesmes droicts de signature
& verification de Roolles, qu'aux Esleus. Auec
permission ausdits Receueurs & Greffiers d'af-
sister tant en l'année de leur exercice, que hors
iceluy, aux departemens & assietes des Tailles,
Taillon, & autres Creuës tant ordinaires qu'ex-
traordinaires ; y auoir lesdits Receueurs rang,
seance & voïx deliberatiue auec lesdits Esleus;
signer les Roolles auec eux si bon leur semble, &
estre restablis & confirmez en la ioüissance des
ports & voiture des deniers en leurs receptes.

Verifié en la Cour des Aydes le 20. Aoust 1629.

A PARIS,

Par P. METTAYER, A. ESTIENE, & C. PREVOST,
Imprimeurs ordinaires Roy.

M. DC. XXIX.

Auec Priuilege de sa Majesté.

OVIS par la grace de DieuRoy de France & de Nauarre, A tous presés & aduenir, Salût. Les grandes defpéfes qu'il nous a conuenu & conuient fupporter pour les armées que nous fommes contraints de foldoyer & entretenir, tant dehors ce Royaume contre les ennemis de cét Eftat, que dedans contre nos Subiects rebelles, Nous ont fait rechercher toutes fortes de moyens extraordinaires pour y fubuenir, afin de foulager autant qu'il nous fera poffible nos Subiects. Et entre ceux qui nous ont efté propofez, nous n'en auons trouué de moins prejudiciables à nos affaires que d'attribuer aux Receueurs de nos Tailles & Taillon des Eflections de ceftuy noftre Royaume, cinq droicts de verification & fignatures de Roolles comme aux Efleus, pour en ioüir en heredité tant en l'année de leur exercice, que hors iceluy, & par ce moyen rendre la fonction de leurs charges, & le pouuoir qu'ils en ont d'affifter aux departemens de nofdittes Tailles,

A ij

plus vtils à nos Subiets contribuables à icelles; de la faculté desquels ils ont autant ou plus de cognoissance qu'aucuns Officiers desdites Eslections : Sçavoir faisons qu'apres auoir mis cette affaire en deliberation en nostre Conseil d'Estat, où estoient la Royne nostre tres-honorée Dame & Mere, aucuns Princes de nostre Sang, autres Princes & Officiers de nostre Couronne, & autres grands & notables Personnages de nostre Conseil: De l'aduis d'iceluy, & de nostre certaine science, pleine puissance & authorité Royale, Avons par cestuy nostre Edict perpetuel & irreuocable, attribué & attribuons aux Receueurs des Tailles, Taillon, & Greffiers ayans le corps des Greffes & exerçans la plume, anciens alternatifs & triennaux des Eslections du ressort des Cours des Aydes de Paris, Dijon, Montpellier, Bordeaux & Montferrand, cinq droicts de verification & signatures de roolles du principal de la Taille, Creuës y ioinctes, Taillon, Solde des Preuosts de nos chers & bien-amez Cousins les Mareschaux de France, & Creuë extraordinaire des Garnisons, montant quinze sols pour Parroisse, qui

est à raiſon de trois ſols pour chacune ſignature de roolle à chacun deſdits Officiers ; Et à ceux du reſſort de la Cour des
Aydes de Roüen trois droicts de ſignatu-
res de roolles, à raiſon de neuf ſols pour
Paroiſſe à chacun deſdits Officiers, ainſi
que les perçoiuent les Eſleus deſdites
Elections, & pareil droict de trois ſols
pour chacune verificatiõ & ſignature de
roolle de chacune Paroiſſe, de toutes les
creües extraordinaires qui ſeront impo-
ſées ſeparément au courant de l'année
eſdites Eſlections, tant pour nos affaires
que de celles des particuliers, Villes, Paroiſſes ou Communautez, pour quelque
cauſe ou occaſion que ce ſoit, pour en
ioüir à l'aduenir en heredité par leſdits Receueurs des Tailles, Taillon &
Greffiers, auec les autres droicts attribuez à leurs Offices, conjointement ou
ſeparément à leur choix & option, à
commencer du premier iour du preſent
mois tant en l'année de leur exercice que hors iceluy, & en eſtre payez
par leurs mains ou de leurs Commis,
des Collecteurs des Paroiſſes, de quartier
en quartier, à peine d'y eſtre leſdits Collecteurs contraints comme pour nos de-

niers & affaires : & defquels droicts ne fe-
ra fait qu'vne affiete & departemét auec
ceux defdits Efleus, ENIOIGNONS à cefte
fin à nos amez & feaux Confeillers les
Prefidents & Treforiers Generaux de
France des Generalitez qu'il appartiendra, de faire impofer à l'aduenir par lefdits Efleus lefdits droicts au fol la liure
du principal de la Taille, le fort portant
le foible, à raifon de fix liures quinze fols
pour Paroiffe des Eflections dependantes des Cours des Aydes de Paris, Dijon,
Montferrand, Bordeaux & Montpellier;
Et de quatre liures vn fols pour chacune
Paroiffe des Eflections dependantes de la
Cour des Aydes de Roüen ; à peine d'en
refpondre tant par lefdits Treforiers de
France que lefdits Efleus, en leurs pro-
pres & priuez noms: defquels droicts lefdits Receueurs ne feront tenus de com-
pter en nos Chambres des Comptes, ou
ailleurs, les en ayant defchargez & dif-
penfez, & de verifier & figner les roolles
defdites Tailles & Creües, fi bon ne leur
femble : Ny que ladite attribution foit
ou demeure iointe, vnie ny incorporée à
leurfdits Offices, ny affectee aux debets
de leurs comptes, accordant la faculté

ſuſdits Receueurs & Greffiers d'en diſ-
poſer en faueur de telles perſonnes que
bon leur ſemblera, qui en ioüiront auec
tiltre d'heredité, ſans qu'ils en puiſſent
eſtre depoſſedez qu'en les rembourſant
actuellement comptant & à vn ſeul payement, de la finance qui aura eſté payée
pour l'impoſition deſdits droicts, & de
leurs frais & loyaux couſts, à la charge
que leſdits Receueurs des Tailles, Taillon & Greffiers anciens, alternatifs &
triennaux, ayans le corps des Greffes &
exerçans la plume, ſeront tenus de payer
és mains du Treſorier des Parties Caſuel-
les ou du Porteur de ſes Quittances, les
ſommes auſquelles chacũ d'eux ſera mo-
derémẽt taxé en noſtre Conſeil. Moyen-
nant lequel payement nous auons par ce-
ſtuy noſtredit Edict reſtably & confir-
mé, reſtabliſſons & confirmons leſdits
Receueurs des Tailles & Taillon, en la
ioüiſſance des ports & voitures de deniers de leurs receptes, pour en ioüir ainſi qu'ils ont accouſtumé. Le fond deſ-
quels droicts ſera laiſſé par chacun an,
dans les eſtats des charges de chacune
Generalité. VOVLONS que leſdits Receueurs & Greffiers demeurent deſchar-

gez, comme nous les defchargeons, des
fommes à quoy ils ont efté taxez pour
ioüir du priuilege de Committimus en
vertu de l'Arreft de noftredit Confeil
du 18. Auril dernier, que nous auons re-
uoqué & reuoquons, enfemble celuy du
vingt-troifiéme Aouft auffi dernier, portant attribution aufdits Receueurs &
Greffiers defdits droicts, de fignatures &
verificatiõs de roolles en l'année de leur
exercice feulement. Et afin que nos Sub-
jets contribuables aux Tailles reçoiuent
le foulagement que nous efperons au
moyen de la prefente attribution, Vovlons auffi que lefdits Receueurs des
Tailles & Taillõ ayent auec lefdits Efleus
rang, feance & voix deliberatiue aux departemens defdites Tailles & Creuës,
tant en l'année de leurs exercices, que
hors iceluy. Qu'ils ioüiffent des mefmes
honneurs, priuileges & prefeance, que
ceux attribuez aufdits Efleus par Edict
du mois de Iuin mil fix cens vingt-fept,
Arrefts & Declarations donnez en con-
fequence : Et que ceux defdits Receueurs
qui voudrõt ioüir de laditte attribution
conjointement auec leurs Offices, demeurent entierement defchargez du
caution-

cautionnement qu'ils font tenus de four-
nir pour le faict de leurs charges. Faifant
defenfes aux Officiers defdictes Electiõs
de troubler lefdits Receueurs en l'exercice & fonction de leurs charges, à peine
d'eftre refponfables du retardement qui
pourroit arriuer en la leuée de nos deniers. Si donnons en mandement à
nos amez & feaux Confeillers les Gens
tenans nos Cours des Aydes à Paris,
Roüen, Dijon, Montferrand, Montpellier & Bordeaux, que ceftuy noftre pre-
fentEdict ils facent chacun en droict foy,
lire publier & regiftrer, & du contenu en
iceluy ioüir & vfer lefdits Receueurs des
Tailles, Taillon & Greffiers, pleinement
& paifiblement & hereditairement, nõ-
obftant oppofitions ou appellations
quelconques, defquelles fi aucunes inter-
uiennent, nous auons referué la cognoif-
fance à nous, & à noftredit Confeil, icelle
interdite à toutes nos Cours & Iuges
quelcõques, ceffans & faifant ceffer tous
troubles & empefchemens au contraire.
Mandons en outre à nos amez & feaux
Confeillers les Prefidents & Treforiers
Generaux de France des Generalitez
qu'il appartiendra, qu'ils ayent à regi-

B

ſtrer noſtre dit Edict, & le contenu en iceluy faire garder & obſeruer ſans y con-
treuenir, nonobſtant quelconques Edicts,
Ordonnances, Reglemens & choſes à ce
contraires, auſquelles & aux derogatoires des derogatoires y contenuës, nous
auons derogé & derogeons par ces pre-
ſentes : C A R tel eſt noſtre plaiſir. Et afin
que ce ſoit choſe ferme & ſtable à touſ-
jours, nous y auós fait mettre noſtre ſeel.

D O N N E' à Paris au mois de Ianuier
l'an de grace 1629. Et de noſtre regne le
dix-neufuiéme.

Signé, L O V I S, Et plus bas, Par le
Roy, D E L O M E N I E, à coſté Viſa, &
ſeellé du grand ſeau de cire verte en lacs
de ſoye rouge & verte. Et au deſſous eſt
écrit:

Regiſtrées en la Cour des Aydes, oüy le Pro-
cureur General du Roy, pour eſtre executées ſe-
lon leur forme & teneur ſuiuãt l'Arreſt du iour-
d'huy. A Paris le vingtiéme iour d'Aouſt. 1629.

Signé,   D E L A I S T R E.

IVSSION A LA COVR DES *Aydes, pour la verification dudit Edict.*

LOVIS par la grace de Dieu, Roy de France & de Nauarre, à nos amez & feaux Conseillers, les Gens tenans no-stre Cour des Aydes à Paris, Salut. Pour subuenir aux grãdes despenses, que nous sommes obligez de faire pour affermir nostre authorité & donner la paix à nos Subiets, nous vous aurions cy-deuant ad-dressé nostre Edict du mois de Ianuier dernier, portant attribution aux Rece-ueurs des Tailles, Taillon & Greffiers des Elections, de cinq droicts de verificatiõ & signature de Roolles du principal de la Taille & creuës y iointes, Taillon, Solde de Preuost des Mareschaux, & Creuë ex-traordinaires des Garnisons, montant quinze sols pour Paroisse, à raison de trois pour chacune signature de Roolle comme vn moyen iuste & plausible, & duquel nous pourrions estre secourus: Neantmoins procedant à la verification dudit Edict, vous auriez par vostre Arrest du dix-neufiéme Iuillet dernier, dit ne pouuoir entrer en la verificatiõ d'iceluy. Lequel voulant qu'il soit executé, & sor-

B ij

te son plein & entier effect, puis que le
bien de nos affaires & seruice le requiert,
A cette cause nous vous mandons & tres-
expressement enioignons par ces presen-
tes signées de nostre main qui vous serui-
ront de premiere & finale Iussion, que
sans vous arrester à vostredit Arrest
dudit iour dix-neufiéme Iuillet dernier,
ny aux motifs d'iceluy, ny à quelques
remonstrances qu'auriez à nous faire
sur ce suject, que nous tenons pour en-
tenduës; Vous ayez à proceder diligem-
ment à la verificatiõ pure & simple de
nostredit Edict, auquel nous voulons
que tous affaires cessans, vous ayez à
trauailler selon nostre vouloir & inten-
tion : Enioignans à nostre Procureur General de nous certifier du deuoir que no⁹
aurez rendu à l'execution d'iceux : C A R
tel est nostre plaisir. Donné à Paris le 8.
iour d'Aoust l'an de grace 1629. & de nostre regne le vingtiéme. Signé, LOVIS,
Et plus bas, Par le Roy, Le Beavclerc,
& seellé du grand seau de cire iaune. Et à
costé est écrit :

*Regiftrées en la Cour des Aydes en consequence de
l'Arreft de verification de l'Edict. A Paris le 20. iour
d'Aoust l'an 1629.*

Signé,   De Laistre.

EXTRAICT DES REGISTRES
de la Cour des Aydes.

VEV par la Cour les Chambres assembleés, les Lettres Patentes du Roy, en forme d'Edict, données à Paris au mois de Ianuier mil six cens vingt-neuf, signées, LOVIS, & plus bas, Par le Roy, DE LOMENIE, & seellées du grand Seel de cire verte sur lacs de soye rouge & verte, portant attribution aux Receueurs des Tailles, Taillon & Greffiers ayans le corps des Greffes & exerçans la plume, anciens, alternatifs, & triennaux des Eslections du ressort des Cours des Aydes, de Paris, Dijon, Montpellier, Bourdeaux & Montferrand, de cinq droicts de verification & signature de Roolles du principal de la Taille, Creuës y iointes, Taillon & Solde des Preuosts des Mareschaux, Creuës extra-ordinaires des garnisons, montant quinze sols pour Paroisse, à raison de trois sols pour chacune signature de Roolles à chacun desdits Officiers : Et à ceux de la Cour des Aydes de Roüen, trois droicts de signature de Roolles, à raison de neuf

ſols pour Paroiſſe à chacun deſdits Officiers : & pareil droicts des trois ſols pour
chacune verificatiō & ſignature de Roolle de chacune Paroiſſe, à raiſon de toutes
les Creuës extrardinares qui ſeront impo-
ſées ſeparement au courant de l'année eſdites Elections, tant pour les affaires de
ſa Majeſté, que de celles des particuliers,
Villes Paroiſſes & Communautez, pour
quelque cauſe & conſideration que ce
ſoit, pour en ioüyr par leſdits Officiers
en heredité à l'aduenir auec les autres
droicts attribuez à leurs Offices conioin-
tement ou ſeparement à leurs choix &
option, à commencer du premier iour
dudit mois de Ianuier en l'année d'exercice & hors d'iceluy, & en eſtre payez ainſi que plus au long eſt declaré audit Edict
à laditte Cour addreſſant pour la verification d'iceluy. Les Actes d'oppoſition
d'aucuns des Receueurs des Tailles, Taillon & Greffiers, tendant à fin de verification dudit Edict. Autre requeſte preſen-
tée à laditte Cour par les Preſident, Lieu-
tenants, Eleus & Controolleurs en l'Eſle-
ction de Paris, à ce qu'il luy pleuſt les re-
ceuoir oppoſans à la verification d'iceluy Edict, laquelle auroit eſté iointe au-

dit Edict de l'ordonnance de laditte
Cour. Arreſt d'icelle du dix-neuſiéme
Iuillet audit an mil ſix cens vingt-neuf,
par lequel elle auroit declaré ne pouuoir
entrer en la verification dudit Edict. Lettres Patentes de ſaditte Majeſté en forme
de Iuſſion, données à Paris le huictiéme
Aouſt enſuiuant, ſignées, LOVIS, & plus
bas, Par le Roy LE BEAVCLERC, &
ſeellées ſur ſimple queuë du grand Seel
de cire iaune, par leſquelles eſt mandé
& tres expreſſement enioint à laditte
Cour, que ſans s'arreſter audit Arreſt ny
aux motifs d'iceluy, elle euſt à proceder
à la verification pure & ſimple dudit
Edict, ainſi que plus au long le contient
leſdites Lettres de Iuſſion. Concluſions
du Procureur General du Roy, & tout
conſideré: LA COVR A ORDONNE'
ET ORDONNE, que leſdites Lettres en
forme d'Edict, ſeront regiſtrées au Greffe
d'icelle, pour eſtre executées ſelon leur
forme & teneur. Fait à Paris en la Cour
des Aydes le vingtiéme iour d'Aouſt mil
ſix cens vingt-neuf.

Signé, DE LAISTRE.

*Collationné aux Originaux, par moy Conſeil-
ler Secretaire du Roy, & de ſes Finances.*